ÉTUDE

SUR

L'INFLUENCE LÉGITIME

DE LA CONSCIENCE MORALE EN DROIT PÉNAL

PAR

Charles BROCHER

PROFESSEUR A L'UNIVERSITÉ DE GENÈVE

PARIS
ERNEST THORIN, ÉDITEUR
Libraire du Collége de France, de l'École normale supérieure,
des Écoles françaises d'Athènes et de Rome
7, RUE DE MÉDICIS, 7
—
1878

In the interest of creating a more extensive selection of rare historical book reprints, we have chosen to reproduce this title even though it may possibly have occasional imperfections such as missing and blurred pages, missing text, poor pictures, markings, dark backgrounds and other reproduction issues beyond our control. Because this work is culturally important, we have made it available as a part of our commitment to protecting, preserving and promoting the world's literature. Thank you for your understanding.

ÉTUDE

SUR L'INFLUENCE LÉGITIME DE LA CONSCIENCE MORALE

EN DROIT PÉNAL

Extrait de la *Revue générale du droit.*

TOULOUSE. — IMP. A. CHAUVIN ET FILS, RUE DES SALENQUES, 28.

ÉTUDE
SUR L'INFLUENCE LÉGITIME DE LA CONSCIENCE MORALE
EN DROIT PÉNAL

Le droit pénal est de toutes les fonctions sociales celle qui provoque les questions les plus graves : 1° de quel droit et dans quel but l'homme porte-t-il la main sur son semblable, pour lui infliger, avec calme et de propos délibéré, le mal qu'on appelle peine ? — 2° N'agit-il, en cela, qu'en sa qualité de ministre d'une justice supérieure qu'il a charge de mettre à exécution ? — 3° Doit-il, au contraire, ne se proposer, en punissant, que de maintenir l'ordre social, en faisant respecter le droit ; et par quels procédés peut-il atteindre à ce but ? — 4° Ne serait-il pas tenu de combiner ces deux principes en restreignant son action dans les limites imposées par chacun d'eux ?

C'est à la solution partielle de ces problèmes que nous consacrons ce travail, en les étudiant, tout spécialement, au point de vue des rapports qu'il faut reconnaître entre le droit et la morale.

Ces problèmes ont provoqué de nombreux systèmes qui, malgré leurs variétés presque infinies, peuvent, semble-t-il, se ramener à trois grandes catégories principales tendant à se rapprocher, et même à se confondre quelquefois dans leurs développements, mais n'en restant pas moins distinctes par le point de départ spécial à chacune d'elles.

Les premiers ne voient, dans le droit pénal, que l'exercice d'une justice supérieure, par le pouvoir social revêtu de cette redoutable mission. Ils se représentent, généralement, cette justice comme une rétribution nécessaire du mal pour le mal, sorte d'expiation n'ayant pas d'autre but qu'elle-même ; ce qui leur a fait donner le titre de théories absolues.

Les seconds ne voient, bien au contraire, dans l'activité pénale, qu'un moyen de fonder et de maintenir un certain ordre social jugé nécessaire pour faire respecter le droit. Ils diffèrent considérablement entre eux par les moyens auxquels ils recourent pour atteindre à ce but. On les qualifie de théories relatives, parce qu'ils ne justifient l'action pénale que par le but extérieur qu'elle doit atteindre, et parce qu'ils la renferment dans les limites de ce qu'une telle mission réclame.

Les troisièmes cherchent à combiner les deux principes en les limitant l'un par l'autre, et, peut-être aussi, en les fortifiant l'un par l'autre. D'une part, ils prétendent exercer la justice supérieure, mais seulement dans la limite de ce qui est réclamé par les exigences sociales. D'autre part, ils s'efforcent de satisfaire à celles-ci, mais dans les limites seulement de ce qui est autorisé par cette justice.

Exposer et critiquer en détail ces nombreux systèmes nous conduirait beaucoup trop loin (1). Nous devons nous borner à ce qui sera nécessaire pour exposer et motiver convenablement les idées auxquelles nous croyons devoir nous arrêter; et nous aborderons directement ce qui tient aux rapports du droit et de la morale.

Il n'existe et ne peut exister qu'une seule base sur laquelle ces deux lois puissent s'appuyer solidement. Cette base est la destination de l'humanité considérée dans son ensemble, dans les masses et dans chacun des individus qui la composent (2).

Réaliser une telle destination nous semble être la tâche commune de ces lois qui ont, de la sorte, une origine commune et un but commun; mais elles n'en sont pas moins chargées de missions distinctes, soit quant à l'œuvre que chacune d'elles est tenue d'accomplir, soit quant aux procédés auxquels elles doivent recourir.

Se sentir à la fois libre et tenu de se conformer spontanément aux exigences d'une règle supérieure, forme la base et le point de départ de la loi morale se révélant dans la conscience. Ces

---

(1) Nous croyons pouvoir renvoyer spécialement aux ouvrages suivants : Hepp, *Darstellung und Beürtheilung der deutschen Strafrechtssysteme. Ueber die Gerechtigkeits . und Nutzungstheorien des Auslandes.* — Rœder, *Verbrechen und Strafe.*

(2) Voir l'introduction à notre *Etude sur la légitime et les réserves.* Paris et Genève, 1868. — V. aussi nos *Etudes sur le droit naturel* dans la *Revue générale du droit.* Paris, 1877 (*Exposé critique des Instituts de droit naturel*, de M. Lorimer).

deux sentiments sont indissolublement unis ; ils se supposent réciproquement et chacun d'eux communique à l'autre la seule valeur véritable dont il puisse être revêtu : une liberté dont il n'y aurait rien à faire serait une force sans emploi, une bien mystérieuse inutilité qui s'anéantirait elle-même en se faisant l'esclave des instincts brutaux ; une loi qui s'exercerait fatalement elle-même serait un mécanisme dégradant sous l'action duquel disparaîtrait toute dignité humaine. Ajoutons, au besoin, que se conformer à une règle sans autre motif que la crainte ne conduirait pas à des résultats bien différents.

Nous n'avons parlé, jusqu'à ce moment, que d'une loi dont l'existence se révèle par les sentiments de la conscience. Il faut nous demander maintenant à quelle source on doit recourir pour y puiser la connaissance de cette loi. La question revient à rechercher où l'on peut trouver les indices de la destination dont nous avons parlé.

La règle qu'il faut suivre est celle qui s'impose par cette destination tant individuelle que générale. C'est par l'étude attentive de l'homme considéré dans la nature et dans l'histoire, soit en lui-même, dans ses besoins, ses instincts physiques et ses aspirations plus élevées, soit dans ses rapports avec le monde social ou physique dans lequel il doit se développer, qu'on peut en acquérir la connaissance. L'existence a un but qu'il faut s'efforcer d'atteindre, soit qu'on le recherche dans les manifestations d'une suprême intelligence et d'une suprême volonté, soit qu'on s'arrête à la contemplation de certaines lois, dont l'action semble se révéler dans un long développement ; lois au sujet desquelles il faudrait peut-être se demander, plus qu'on ne le fait, si elles ne sont pas elles-mêmes les manifestations ou les organes d'un Dieu personnel.

La vie morale est, le plus souvent, cachée dans les profondeurs du monde interne ; elle ne se manifeste à l'extérieur que par des indices sur l'appréciation desquels il est facile de se tromper. D'une part, elle domine sur l'existence entière, sur les sentiments, les désirs, les volontés, aussi bien que sur les actes. D'autre part, elle n'agit que par conviction. Ne pouvant vivre que de liberté, elle se resserre ou s'épanouit dans la mesure des influences plus ou moins fortes qu'elle reçoit de l'extérieur.

Les traits caractéristiques du droit nous le montrent bien différent. C'est à l'extérieur qu'il se produit et qu'il agit par tout un organisme destiné à cet effet. Il ne doit le faire, cependant, que dans les limites de ce qui est nécessaire pour suppléer et, bien souvent, pour résister à l'action de la liberté individuelle, dans les cas où cela est nécessaire pour le maintien de l'ordre. Il use de contrainte et l'exerce par des moyens matériels. C'est l'homme extérieur et social qui fait l'objet de ses préoccupations les plus directes ; l'homme intérieur et individuel lui échappe généralement, sauf dans les rapports qu'il peut avoir avec certains faits externes et sociaux.

Sa mission principale semble être de garantir à chacun ce qui doit lui revenir, de créer et de maintenir l'ordre nécessaire au développement physique, intellectuel et moral, de prévenir et de réparer, dans la mesure du possible, tout mal provenant d'attaques ou d'infractions faites à cet ordre.

S'il fallait absolument fixer le degré d'importance respective du droit et de la morale, c'est cette dernière que nous ferions prédominer ; c'est elle qui tend, le plus directement, à nous faire ce que nous devons être. Le droit semble se présenter comme moyen plutôt que comme but dans l'économie générale de notre développement. Hâtons-nous d'ajouter qu'il s'y présente comme élément indispensable. Il faut, de plus, observer que ces deux lois bien que séparées par la divergence de leurs attributions et de leurs procédés n'en conservent pas moins des traces profondes de leur commune origine et du but supérieur vers lequel doivent se diriger leurs communs efforts. Elles doivent se respecter et s'aider réciproquement. Le droit est tenu de se renfermer dans le champ d'activité qui lui est spécialement assigné ; il doit, autant que possible, respecter la liberté nécessaire au développement moral ; il doit éviter ce qui pourrait porter atteinte aux bases sur lesquelles ce dernier repose. La morale, de son côté, doit respecter les exigences du droit et les procédés qui leur sont propres.

Ces principes semblent résulter de la nature des choses ; on pourrait croire facile d'en faire ressortir des conséquences dont l'autorité se ferait généralement reconnaître. Il n'en est rien ; toutefois, ce sont là des questions sur lesquelles on est loin de s'entendre ; nous nous trouvons en présence des trois grandes catégories de systèmes mentionnés plus haut; peut-être serons-nous mieux placés pour les apprécier, maintenant que nous avons énoncé quelques principes pouvant servir de direction. Le sujet peut se diviser commodément en quatre paragraphes traitant successivement : 1° des doctrines absolues et de leurs dégénérescences ; 2° des doctrines mixtes; 3° des doctrines relatives telles que nous les concevons ; 4° d'une comparaison à faire entre ces dernières et les doctrines mixtes.

§ 1. — Suivant les partisans des théories absolues, l'action pénale est appelée à un développement beaucoup plus grand que celui dont les principes énoncés ci-dessus donneraient l'idée. « Il y a là, disent-ils, plus qu'un droit, c'est un vrai devoir dont l'observation est exigée d'une manière impérative. « La société humaine dût-elle se dissoudre par le consentement unanime de tous ses membres, disait Kant, le dernier meurtrier qui se trouverait en prison devrait être exécuté, afin que chacun portât la peine de sa conduite et que le sang versé ne retombât pas sur le peuple qui n'aurait pas réclamé cette punition (1). »

Dans un tel système, le but social et juridique de la peine disparaît et s'absorbe dans un ordre d'idées beaucoup plus vaste : il ne s'agit plus de défense et de protection, mais d'expiation. On nous dit, il est vrai, que le but social et humain de la peine se trouve accessoirement atteint par les procédés de cette justice supérieure (2).

Nous ne nous arrêterons pas à rechercher ce qu'il peut y avoir de vrai dans cette dernière assertion qui nous paraît très-contestable. Il est évident que cela dépend beaucoup des idées que l'on se forme au sujet de l'ordre qu'il convient de réaliser. Nous croyons pouvoir nous contenter de poser les questions suivantes aux sectateurs de ces doctrines : Avez-vous des preuves suffisantes qu'une aussi redoutable mission ait été confiée à l'Etat ? Ne serait-il pas naturel de penser que si le souverain législateur, de qui cette justice émane, ne l'exerce pas lui-même dans l'économie actuelle, c'est qu'il a trouvé bon de la réserver pour d'autres temps ? Ne peut-il pas avoir voulu que nous

---

(1) *Droit naturel*, traduction Barni, p. 197.
(2) Voir spécialement Abegg, *Die verschiedenen Strafrechtstheorien.*

marchions, ici-bas, par la foi plus que par la vue, dans un tel ordre d'idées ?

Etes-vous suffisamment sûrs de vous former des notions exactes sur la nature de cette justice suprême ? Ne pourrait-il pas y avoir là de mystérieuses profondeurs échappant à vos regards ? L'Etat, que vous chargez de cette tâche, est-il bien revêtu des facultés intellectuelles et morales qu'elle suppose ? Possède-t-il la puissance d'observation nécessaire ? Disposerait-il d'ailleurs, d'une matière pénale assez flexible et divisible pour correspondre aux nuances si variées de la culpabilité morale ? S'il s'arroge le droit d'infliger toutes les peines, ne devra-t-il pas décerner également toutes les récompenses méritées ? N'y aurait-il pas là toute une source de difficultés et même d'impossibilités nouvelles ?

Faire suivre immédiatement tous les actes des peines ou des récompenses qui doivent s'y rattacher, ne serait-ce pas dépouiller la vie morale de l'auréole de désintéressement ou de foi qui en fait la noblesse ? Toujours comprimée à l'extérieur, ne finirait-elle pas par succomber dans les profondeurs intimes qui sembleraient devoir être son dernier refuge ?

Telles sont les idées que l'on trouve, le plus souvent, à la base de ce qu'on appelle théories absolues ; et telles sont les objections qu'elles soulèvent. On se tromperait, toutefois, si l'on se figurait comme identiques les uns aux autres tous les systèmes qui sont nés de ces théories ou se rattachent à elles. On y trouve, bien au contraire, des différences et même des degrés.

Les uns embrassent le domaine entier de la morale dans leurs vastes conceptions, sauf à reculer devant les résistances et les impossibilités qui se produiraient s'il s'agissait de faire une complète application de ces dernières.

Les autres circonscrivent leurs vues dans le champ plus restreint du droit. Ils se subdivisent en ce que les uns soumettent les faits dont ils se préoccupent aux règles de la sanction morale, tandis que les autres recherchent une sanction spéciale.

Les bases sur lesquelles on appuie ces systèmes ne sont pas toujours les mêmes ; les uns s'arrêtent aux sentiments, nous serions même tentés de dire aux instincts de la conscience. Nous en trouvons un exemple remarquable dans le discours par lequel M. D. Cirilo Alvarez, alors président de l'Académie de jurisprudence et de législation de Madrid, inaugurait, le 26 octobre 1872, le cours annuel des délibérations de ce corps. Voici ce qu'on lit dans ce discours destiné à justifier la peine de mort :

« Le but de la justice pénale n'est pas l'amendement et la correction des coupables. La loi pénale correspond à un but social plus élevé : au rétablissement de l'ordre moral qui a été ébranlé par le crime, à la loi de responsabilité qui pèse sur l'homme pour ses œuvres mauvaises, à cette loi inexorable de l'expiation et de la pénitence qui a son origine dans le remords, dans ce phénomène interne de notre esprit auquel nous ne pouvons pas échapper... C'est dans cette loi de responsabilité, dans ces manifestations de la conscience, dans ces souffrances de l'âme, qui se produisent toujours dans la mesure de la gravité des faits, que se trouve la base de la loi pénale avec toutes les gradations fixées par la législation et la science, pour distinguer la faiblesse du vice, le vice du crime. C'est aussi dans ces phénomènes moraux, et dans eux seulement, que se trouve l'explication philosophique de ces palpitations de la conscience universelle en présence du crime, palpitations qui se révèlent par l'inquiétude et l'agitation des esprits, par l'indignation et la colère des multitudes contre le criminel (1). »

Les autres recourent à une étude plus approfondie de la vie, ou à certaines combinaisons logiques des idées. On dit, par exemple, que la peine est une nouvelle affirmation de la loi rendue nécessaire par la négation résultant implicitement du crime ou du délit. Cela veut dire, en termes plus simples, que la peine est une sanction nécessaire de la loi.

D'autres encore, s'élevant, suivant nous, à une conception plus digne de la justice divine, lui attribuent un but de régénération du coupable. Ils se placent ainsi, dès l'origine, en dehors de l'absolu complet dont ils s'éloignent à des distances fort diverses suivant les applications qu'ils font de leur principe supérieur. On peut, en effet, diriger ses vues sur l'ensemble de la morale ou ne se préoccuper que du droit. On peut, dans cette dernière hypothèse, rechercher une vraie régénération morale, changeant le fond même du caractère ; on peut, au contraire, s'arrêter à ce qu'on pourrait appeler une régénération sociale, tendant seulement à obtenir que le coupable cesse d'être un membre dangereux de la société, ne fût-ce que par la crainte des châtiments. On rentre, ainsi, dans le domaine des théories relatives.

Toutes nos sympathies sont bien certainement acquises aux efforts que l'on fait pour obtenir la régénération morale du coupable ; mais nous ne croyons pas qu'il soit possible de la

---

(1) Ce discours se trouve au nombre des documents de ladite Académie.

prendre comme base principale du droit pénal. C'est un but qu'il faut recommander au zèle des philantropes ; mais, le considérer comme rentrant directement dans les attributions de l'Etat soulèverait, en partie tout au moins, les objections que nous avons faites aux vraies théories absolues ; l'Etat ne possède ni les facultés, ni les moyens que suppose l'exercice d'une telle mission. Il ne peut y avoir là, pour lui, qu'un but accessoire et occasionnel, mais il doit le poursuivre avec zèle dans les limites de ce qui rentre dans sa compétence naturelle.

§ 2. — Les théories absolues ont encore beaucoup d'adeptes ; mais, comme nous l'avons dit, elles présentent de nombreuses variétés. Nous pouvons même ajouter que les mœurs juridiques de nos civilisations occidentales s'opposeraient à ce qu'on en pût faire l'application complète. Il était à désirer qu'on fixât des limites précises à leur développement. C'est ce que les doctrines que nous avons appelées mixtes se sont efforcées de faire, en les renfermant dans le cercle tracé par les nécessités de l'ordre social. Concilier et limiter l'un par l'autre les deux principes qui semblent se disputer le champ du droit pénal était, bien certainement, une belle idée ; elle aurait rendu de grands services si elle eût pu se réaliser. Voyons ce qu'il en est à cet égard.

Nous croyons pouvoir citer notre ancien compatriote, M. Rossi, comme ayant présenté le type le plus explicite, le plus net et le mieux connu de cette catégorie de systèmes. Quel que soit l'avenir réservé à son œuvre, il faudra toujours y reconnaître la manifestation d'un grand talent : « M. Rossi est, dans son genre, le premier jurisconsulte du siècle, » nous disait un jour notre illustre maître, M. de Savigny. Nous croyons devoir ajouter que, dût cette œuvre être abandonnée, elle n'en conserverait pas moins le mérite d'avoir posé les questions avec une entière précision, sans aucune de ces obscurités qui fournissent souvent la faculté d'interpréter, au besoin, les idées présentées comme fondamentales. On nous pardonnera ces lignes dictées par la reconnaissance. Elles nous ont paru d'autant plus justifiables que nous croyons devoir combattre un courant d'idées fort respectables, et qui ont été revêtues d'une très-grande autorité. Il y a très-longtemps que nous nous en sommes séparé ; ce travail peut, sous bien des rapports, être considéré comme une nouvelle édition des thèses que nous avons publiées en 1836 pour solliciter la licence. Plus de quarante années d'étude et d'expérience nous ont confirmé, en grande partie, dans notre manière de voir.

« Le but de la justice absolue, » disait M. Rossi, « consiste dans son propre accomplissement ; elle est parce qu'elle est ; elle frappe toutes les infractions à la loi morale ; elle repose sur les principes éternels du juste et de l'injuste ; c'est un attribut de l'Etre infini. Le mal mérite le mal ; l'homme injuste doit réparation à la justice ; c'est une sanction nécessaire : l'ordre moral doit être rétabli par la peine. Cependant cette justice ne développe pas toute son action dans ce monde. Le droit pénal se compose d'une partie absolue et d'une partie relative, de principes de justice et de règles d'utilité. La justice de l'homme ne doit pas dépasser la justice absolue ; elle ne doit pas même l'absorber ; elle ne doit frapper que dans l'intérêt de l'ordre social, et dans les limites seulement de la culpabilité morale. Elle se trouve, pour ainsi dire, renfermée en trois cercles concentriques : celui de la justice intrinsèque de la punition, celui du maintien de l'ordre social, celui des moyens propres à atteindre utilement ce but par l'action pénale. C'est une délégation partielle de la justice divine confiée à des êtres imparfaits et faillibles, qui ne doivent en faire usage que dans un but restreint et déterminé, la garantie des éléments constitutifs de l'ordre social (1). »

On trouve naturellement dans cette catégorie de systèmes une variété plus grande encore que dans les doctrines absolues, parce qu'elle se complique d'éléments plus nombreux. Tout en étant d'accord sur la nécessité de ne pas dépasser ce que réclament les exigences sociales, les uns adoptent les règles s'appliquant à la responsabilité morale, les autres recherchent une sanction plus appropriée à la nature spéciale du droit. M. Carrara, sénateur du royaume d'Italie et professeur de droit pénal à l'université de Pise, nous semble devoir être cité comme exemple de cette dernière tendance. Il nous paraît que sa doctrine doit être classée au nombre de celles que nous avons appelées mixtes, parce qu'il invoque, à diverses reprises, une cession partielle de la justice absolue comme base du droit pénal, tout en critiquant, avec une très-grande vivacité, les idées professées par M. Rossi. Nous croyons que son système peut être ramené à quelques propositions fondamentales : « Il existe une justice absolue dont une partie seulement a été cédée au pouvoir social, pour maintenir l'ordre et protéger le droit. Cette justice pénale doit réparer le mal provenant du délit ; elle doit, à cet effet, combattre les impulsions pouvant résulter du mauvais exemple donné par le coupable, et rétablir, dans l'esprit des innocents,

---

(1) *Traité du droit pénal*. Voir spécialement : Introduction, Livre I, ch. 9, 12, 13 ; Livre III, ch. 4. — Voir, en des sens plus ou moins analogues, l'article publié par M. le duc de Broglie dans la *Revue française*, 1828, et l'ouvrage de M. Guizot sur *La peine de mort*, ch. 6.

les sentiments de sécurité qui en ont été expulsés par le fait punissable. »
Ce n'est pas dans la culpabilité morale qu'il faut chercher la gradation des peines, mais dans ce que M. Carrara qualifie de force ou intensité du délit, soit dans la mesure de libre volonté qui s'est manifestée par le fait et dans l'influence exercée par ce fait sur les résultats produits.

On trouve dans les écrits de M. Carrara des traces nombreuses d'une grande érudition et d'un remarquable talent d'analyse. Nous n'hésitons pas à le placer à la tête des criminalistes de l'époque actuelle. C'est une position qu'il s'est acquise par ses travaux considérables, par la vénération dont l'entourent ses nombreux disciples et par la source inépuisable d'enseignements qu'on peut trouver dans ses écrits, même dans le cas où l'on ne partagerait pas ses vues. Nous inclinons à penser que son système pourrait se passer de l'idée d'une délégation partielle de la justice absolue, parce que l'auteur l'appuie sur des bases qu'il s'efforce de faire ressortir de la nature du droit (1).

D'autres auteurs, tout en se disant partisans des théories relatives, ne peuvent toutefois s'empêcher de faire des concessions à l'élément moral, d'où résulte la nécessité de rechercher par quoi ces concessions peuvent se justifier et, si possible, jusqu'où elles doivent aller.

Nous citerons comme exemple M. Franck qui, après avoir repoussé toute idée d'une expiation confiée au pouvoir social, et vivement réfuté le système de M. Rossi, paraît se poser résolument comme partisan des théories relatives, mais n'en fait pas moins une part à l'élément moral dans la mensuration des peines. Il n'est pas facile, nous semble-t-il, de trouver dans son livre les moyens de se rendre suffisamment compte de ce fait par l'application de quelque principe supérieur. Le système nous paraît, en conséquence, empreint d'une sorte de dualité (2).

On trouve le même mouvement d'idées dans les écrits de M. Bertauld (3). Il reconnaît que la doctrine d'un droit de punir

---

(1) Voir spécialement le *Programme d'un cours de droit criminel* dont le premier volume a été traduit par M. Baret, en 1876. Nous avons exposé et critiqué les principes généraux de cette doctrine dans un article qui s'imprimait presque en même temps que ces lignes dans la *Revue de droit international de Gand* (1878).
(2) Franck, *Philosophie du droit pénal*, ch. V, pages 189 et suivantes.
(3) Voir spécialement *La liberté civile*, pages 457, 475 et suivantes, page 486.

fondé sur la justice morale, limitée par l'utilité sociale, s'est fait, pendant la première moitié de notre siècle, une large place dans la philosophie du droit : Elle a, dit-il, acquis, une véritable suprématie; MM. Guizot, de Broglie, Rossi, de Rémusat l'ont défendue, et, grâce à eux, elle est écrite dans nos lois, et spécialement dans la réforme du code pénal du 28 avril 1832. Cependant, ajoute-t-il, elle rencontre aujourd'hui des contradicteurs.

Après avoir rappelé et critiqué les idées professées par M. Franck, M. Bertauld expose de la manière suivante celles qui lui sont propres :

« Le châtiment est infligé à l'infracteur à cause de son infraction et non à cause des infractions qu'on redoute dans l'avenir... Y eut-il certitude que l'infraction ne pourrait se renouveler, tant de la part de l'agent que de celle de tous autres, que la loi violée pourrait légitimement, parce qu'elle est une loi, recevoir son exécution... La société réclame de son chef, en vertu de son droit propre, une expiation : elle ne la réclame point au nom et en vertu d'une délégation de Dieu... Le droit de punir ne dérive pas lui-même d'une volonté d'en haut. » L'auteur ajoute plus loin : « Le pouvoir social qui ne peut rien commander d'immoral et qui n'a même pas titre pour commander tout ce qui est moralement obligatoire, a le droit d'imposer, avec sa sanction pénale, quand l'intérêt collectif qu'il représente le réclame, des actions ou des abstentions que la loi morale ne prescrit ni ne condamne. Je veux bien que la pénalité sociale soit une expiation et l'acquit d'une dette, mais elle est une expiation et l'acquit d'une dette non envers Dieu, mais envers la société. »

Nous ne faisons pas une œuvre de critique; nous écarterons toute discussion; nous dirons seulement qu'on ne peut s'empêcher de regretter de plus amples explications sur le pourquoi et sur le comment de ce système; et tout particulièrement, sur la mesure des peines, faudra-t-il faire complétement abstraction des degrés de la culpabilité morale? L'auteur ajoute ailleurs : Si l'on dit, avec nous, que le droit de punir dérive du droit de commander, la question unique sera de savoir ce que le souverain peut légitimement prescrire ou commander, et de mesurer l'importance des sanctions à l'importance des commandements. Tout ce que la conservation et le développement de l'ordre social exigeront, le souverain pourra l'édicter, et il n'édictera jamais rien d'incompatible avec la loi morale, parce qu'il n'y a pas d'ordre social en contradiction avec cette loi (1). Nous voudrions savoir jusqu'où doit aller cet accord entre le

---

(1) *Cours de code pénal*, Append., p. 652, de l'édition de 1864.

droit et la morale. S'agit-il seulement de ce qu'il faut commander, ou faut-il l'étendre jusqu'au degré des peines? Nous demanderons, si l'on répond dans ce dernier sens, quelles différences pratiques se produiraient entre ce système et celui de M. Rossi.

En lisant les nombreuses critiques actuellement dirigées contre ce dernier, on ne peut s'empêcher d'être souvent frappé par cette remarque : tout en repoussant ce système, on reste cependant engagé, semble-t-il, dans un courant d'idées qui n'est pas sans analogie avec celles qu'on vient de combattre. N'y aurait-il pas là de légitimes aspirations de la conscience? Serait-il possible d'y satisfaire avec une suffisante précision? C'est ce problème que nous voudrions résoudre, si possible, dans la faible mesure de nos forces.

§ 3. — La plus grande difficulté qui s'impose aux systèmes vraiment mixtes consiste à concilier deux éléments qui semblent s'exclure réciproquement : le relatif et l'absolu. Ils sont de plus exposés, naturellement, aux objections qu'on oppose à chacun des deux principes qu'ils s'efforcent de combiner. Le grand avantage qu'ils recherchent consiste à éviter les excès auxquels chacun de ces principes pris isolément pourrait conduire. Nous doutons qu'ils puissent réellement atteindre à ce but; nous croyons, de plus, qu'on peut trouver des garanties analogues dans les théories purement relatives sainement entendues, et qu'on n'y rencontre pas les mêmes dangers. Les craintes soulevées contre ces dernières et les griefs qu'on leur oppose nous semblent s'adresser beaucoup moins aux principes leur servant de base qu'aux idées fort souvent incomplètes, mesquines et partiales qu'on s'en est formé.

Nous ne nous le dissimulons pas : il y a contre elles bien des préjugés que nous voulons combattre, parce que cela nous semble indispensable pour atteindre au but que nous nous proposons.

On rendrait, suivant nous, un grand service à la science du droit pénal en la débarrassant, une fois pour toutes, des vieilles idées d'une délégation totale ou partielle de la justice de Dieu. Ce n'est pas que nous entendions nous incliner sans réserve devant les souverainetés de ce monde. Nous les croyons soumises, elles-mêmes, à une règle supérieure; mais c'est une règle spéciale et humaine, non parce qu'elle ne vient pas d'en haut, mais parce qu'elle se rapporte à notre existence d'ici-bas, à la tâche qu'elle impose aux représentants de l'ordre social.

Il ne faut pas se le dissimuler : de nouvelles critiques adressées aux théories mixtes n'auraient probablement pas d'autres résultats que les précédentes ; si l'on veut qu'elles disparaissent, il faut satisfaire, en partie tout au moins, aux besoins et aux sentiments qui les ont fait naître. Voyons s'il n'est pas possible d'atteindre à ce but, tout en se renfermant dans les doctrines purement relatives.

Disons-le dès le début : nous n'avons pas la prétention d'avoir rien découvert ; nous n'avons fait que chercher à nous rendre compte de phénomènes généralement connus, en nous demandant si l'on ne peut pas y trouver la solution désirée ; c'est le résultat de cette étude que nous venons soumettre à la critique.

Quand un crime vient de se commettre, il est naturel de se préoccuper des moyens par lesquels on pourrait en empêcher le renouvellement.

La première personne contre laquelle il semble qu'on doive agir est l'auteur du fait ; mais comment l'empêcher de renouveler ses attaques ? Le placer dans l'impossibilité physique de recommencer ne peut se faire que pour un temps relativement court. Travailler à son amélioration morale serait une œuvre louable et qu'il ne faut certainement pas perdre de vue ; mais c'est une entreprise de longue haleine et dont les résultats sont fort douteux. On recourt généralement à l'intimidation : on oppose la crainte de la peine aux séductions du crime.

Tout cela peut se justifier ; mais on se demande si ce sont bien là des mesures suffisantes. Peut-on considérer le danger social comme concentré tout entier dans la personne du coupable ? Le fait qui vient de se réaliser n'est-il pas, au contraire, l'indice et la conséquence d'un phénomène plus général, exigeant une réaction plus étendue ?

Il est bien certain que le danger qu'il faut combattre existait avant la réalisation du fait, puisque le fait s'est produit. Il suffit, d'ailleurs, d'étudier quelque peu le mouvement de la vie sociale pour reconnaître que les infractions qu'il s'agit de prévenir ont leur cause dans un ensemble d'impulsions plus ou moins puissantes. Ces forces dangereuses sont, au fond, les mêmes avant et après la perpétration du crime; elles apparaissent comme l'objet principal de la réaction nécessaire : c'est des délinquants futurs qu'il faut principalement s'occuper. Le fait que telle personne a failli sous l'action de ces forces n'est qu'une circonstance spéciale qui ne doit pas être complétement négligée, mais qui ne peut exercer qu'une influence restreinte.

Les principaux partisans de cette action générale d'une force préventive se servent d'expressions fort énergiques pour exprimer la manière dont cette action doit s'exercer. Ils parlent d'une contrainte ou d'une dynamique psychologique (1), de crainte destinée à réprimer les tentations dangereuses (2), de mal dépassant le profit que le coupable doit retirer du délit (3). Ces expressions nous paraissent exactes en elles-mêmes, sous réserve des adoucissements dont nous parlerons plus loin.

Cet ensemble de systèmes se justifie, en principe, par l'absolue nécessité de faire respecter le droit, en recourant, s'il le faut, à la contrainte. Il repose sur un fait d'observation facile à constater et conduisant à un ensemble de règles générales quant à la pondération des peines : il s'agit seulement d'étudier le milieu social sur lequel on veut agir et d'édicter des peines en rapport soit à l'importance des intérêts que l'on doit protéger, soit à la puissance des impulsions contre lesquelles il faut lutter. On peut souvent en appeler à l'expérience en telle matière. Les autres systèmes conduisent presque nécessairement à une sorte de casuistique où il faut beaucoup abandonner à la libre appréciation des tribunaux (4).

L'action préventive, dont nous venons de rappeler les traits principaux, a été l'objet de bien dures critiques : il y a là, dit-on, quelque chose de dégradant et de brutal; c'est un recours à la terreur; on y malmène le coupable comme un instrument destiné à servir d'exemple. Le législateur en fait une victime de ses propres erreurs; c'est lui qui est coupable : il devait édicter

---

(1) Feuerbach, *Lehrbuch des peinlichen Rechts*, § 12. Romagnosi, *Genesi del diritto penale*, §§ 334 à 336, 339, 1273.

(2) Carmignani, *Teoria delle leggi della sicurezza sociale*, t. III, pp. 22, 65, 69, 75, 87, 94, 176 ; t. IV, p. 5.

(3) Bentham, *Théorie des peines*, ch. 5.

(4) Voir spécialement en ce qui a trait à la prévention individuelle, Roeder, *Verbrechen und Strafe*, p. 73; et le même ouvrage, pages 105 et suivantes, en ce qui a trait aux systèmes qui se proposent l'amendement du coupable.

des peines suffisantes pour qu'il n'y eût pas de contraventions ; il s'est trompé dans ses calculs ou dans ses observations ; il n'a pas satisfait à la tâche dont il s'était chargé. On va jusqu'à dire que, dans un tel système, il n'est pas nécessaire de constater la culpabilité pour infliger une peine, le supplice d'un innocent pouvant produire le même effet préventif que celui d'un criminel. On ajoute que chaque nouvelle infraction devrait augmenter les sévérités de la loi, l'insuffisance des anciennes pénalités se trouvant ainsi démontrée.

Disons-le d'abord : Tout principe conduit à des conséquences inacceptables, quand, le séparant de ceux avec lesquels il devait se combiner, on le pousse, dans cet état d'isolement, jusqu'à ses derniers développements logiques. Il faut bien le reconnaître d'ailleurs : les partisans d'une action préventive ne sont pas, eux-mêmes, exempts de toute faute dans la manière dont ils se sont efforcés de la définir et de la justifier.

On parle trop directement et trop exclusivement d'une protection de la société contre les attaques auxquelles elle peut être exposée. On fait ainsi naître l'idée d'une lutte de tous contre chacun, lutte dans laquelle ce dernier serait presque nécessairement sacrifié.

Il faut renoncer à de telles formules et dire hautement : L'ordre social ne se justifie et n'a sa raison d'être que comme moyen de faire régner le droit. Cette règle supérieure s'impose à tous, aux Etats comme aux individus ; elle fait à chacun la part qui lui revient et couvre de sa protection l'accusé et même le coupable aussi bien que le plaignant et la victime. C'est un des principaux mérites de M. Carrara d'avoir tout particulièrement insisté sur l'idée d'une défense du droit comme base de la société. V. *Programme cité plus haut*, t. I, § 611, et *passim* et *Prolusione al corso accademico di diritto penale*, anno *1873-1874*.

On considère trop souvent l'Etat comme jouant uniquement le rôle d'un gendarme chargé de veiller à ce que les individus n'empiétent pas réciproquement sur le champ d'activité réservé à chacun d'eux. Cette doctrine, favorisée par le système de Kant, devait conduire à l'individualisme qui prédomine de nos jours ; elle peut également faire considérer comme trop exclusivement extérieur l'ordre que le droit est chargé de maintenir. Il ne faut pas l'oublier : cet ordre extérieur n'est qu'une base sur laquelle doit se produire tout un développement intellectuel et moral; c'est là qu'est le but principal : il n'y aurait que mensonge dans tout ordre extérieur qui, pour se produire, porterait atteinte à ce développement supérieur.

Les observations qui précèdent sont de nature à rassurer les esprits, en réduisant à leur juste valeur les griefs invoqués par les adversaires d'une action préventive en droit pénal. L'accusé trouvera certainement des garanties sous un régime où le droit de tous doit être protégé.

Ce n'est pas être traité comme un simple instrument et sacrifié à un but étranger, que subir un traitement dont on s'est attiré les rigueurs par sa négligence ou par une volonté coupable. Cela est d'autant plus vrai que ce fait est une condition nécessaire au maintien d'un ordre de choses dont chacun profite et qu'il doit respecter comme une loi de sa nature.

La crainte d'un matérialisme outré soit quant aux tendances contre lesquelles on estime devoir lutter, soit quant aux réactifs qu'on cherche à leur opposer, n'est pas suffisamment justifiée par les principes du système; il n'y a rien dans ces principes qui conduise nécessairement à un tel matérialisme : les impulsions qu'on doit combattre pour satisfaire à cette doctrine sont de natures diverses, ainsi que les moyens de leur résister.

L'action préventive du droit pénal n'a pas non plus nécessairement pour conséquence de conduire à des sévérités exagérées, sacrifiant tout à un certain ordre extérieur et redoublant de rigueur à chaque nouvelle infraction. Dans ce système, comme dans les autres, on ne saurait avoir la prétention de maintenir l'ordre d'une manière absolue; on ne peut oublier qu'il faut, en vue d'un but supérieur, se renfermer dans certaines limites et respecter la plus grande somme possible de liberté. Ceci nous ramène à l'étude des rapports qui doivent exister entre le droit et la morale. Le moment est venu de pénétrer plus avant dans les détails de ce sujet; c'est là, comme nous l'avons déjà vu, le but principal de la présente étude.

Il est bon de faire observer qu'en se proposant d'opposer le réactif de la peine aux séductions du délit, c'est sur la volonté, c'est-à-dire sur un élément essentiel de la vie morale, qu'on s'efforce d'agir.

Si cette liberté fait complétement défaut, il ne peut être question de peine, parce que l'élément sur lequel elle devrait exercer son influence n'existe pas. On arrive, de la sorte, aux mêmes résultats que si l'on se préoccupait uniquement d'une culpabilité morale qui ne pourrait se produire dans une telle hypothèse. Mais cette absence et cet amoindrissement de liberté peuvent présenter des degrés et provenir de causes différentes, soit de violentes impulsions d'une part, et d'un état anormal ou maladif d'autre part. Occupons-nous successivement de ces deux cas, en vue des rapports du droit et de la morale.

1° Quant à l'obstacle provenant de fortes impulsions, il faudra distinguer entre deux hypothèses : — *a*) Ces impulsions sont telles qu'elles font complétement disparaître la liberté. Il semble que, s'il en est ainsi, toute imputabilité doive disparaître suivant l'une et l'autre loi, sous réserve des cas où ces impulsions proviendraient d'un développement passionnel contre lequel il aurait été possible de lutter. Il peut se faire, toutefois, que le droit se déclare impuissant dans les cas où la morale n'aurait pas perdu toute compétence; tel serait le cas où deux naufragés se disputeraient un débris insuffisant pour les sauver tous deux. Il serait généralement difficile de refuser un tribut de louanges et d'admiration à celui des deux qui se sacrifierait pour l'autre. Il se pourrait également qu'un blâme plus ou moins sévère dût être infligé à l'un ou à l'autre, suivant les circonstances. Il se pourrait même qu'il y eût une véritable violation du droit. Mais, dans une telle position, l'état de nature et les instincts vitaux prédominent avec une si grande puissance que la menace d'une peine ne serait pas entendue, et qu'il serait difficile d'en justifier l'infliction. —*b*) Ces impulsions laissent subsister un certain degré de liberté reconnu par l'une et l'autre loi. La morale distinguera : elle verra des circonstances atténuantes dans l'action de ces causes si elles sont innocentes ou louables en elles-mêmes; elle y verra des circonstances aggravantes si elles sont condamnables. Qu'en sera-t-il du droit pénal? Les exigences de l'action préventive ne devraient-elles pas se calculer uniquement sur la force de telles impulsions? Ne pourrait-on pas aller jusqu'à dire qu'il faut agir avec d'autant plus de rigueur que la réaction morale fait plus ou moins défaut? Ne pourrait-on pas citer comme exemple un père de famille que la misère pousse au vol pour pourvoir à l'entretien de sa femme et de ses enfants? Un redoublement de sévérité ne peut-il pas sembler nécessaire pour lutter contre de telles impulsions?

2° La même dissidence et les mêmes questions se présentent quant aux obstacles qu'un état anormal ou maladif peut opposer au développement de la liberté. La morale y verra généralement des circonstances atténuantes. On peut, au contraire, penser qu'il faut frapper d'autant plus fort, en droit pénal, qu'il s'agit d'une personnalité obtuse et presque abrutie.

Il ne faut pas se le dissimuler : ces conflits et ces questions se présentent nettement à l'esprit si l'on ne s'arrête qu'à l'ordre matériel et qu'à la nécessité de le maintenir strictement et rigoureusement. On pourrait être tenté d'accepter à cet égard le dilemme admis par le criminaliste italien Giuliani, fervent disciple de Romagnosi : « *Si l'on suppose un autre principe que celui d'après lequel les peines doivent être graduées suivant la force des impulsions portant au mal, ce principe devra conduire à des résultats différents; il réclamera une peine plus forte ou moindre. Cette peine serait excessive ou insuffisante. Elle serait injuste dans ce dernier cas, tant envers la société qui a le droit d'être efficacement défendue, qu'envers le coupable qui se verrait tourmenter sans qu'il en résultât aucun bien public* (1). » Voyons toutefois si une étude plus approfondie du sujet ne doit pas fournir une autre réponse.

Nous avons vu quelles peuvent sembler être les exigences d'un ordre purement matériel; il nous faut rechercher quelles doivent être celles de l'ordre moral, et quelle influence elles sont appelées à exercer sur les premières.

La conscience est, comme nous l'avons déjà dit, l'élément primordial et nécessaire de tout développement moral. Chacun de nous entend, dans les profondeurs de son être, une voix qui lui dit : Tu es libre; mais ce noble privilége porte en lui-même le principe d'une austère et redoutable responsabilité, parce qu'il faut en faire l'usage voulu par une loi supérieure. Il existe entre le bien et le mal une distinction qui, pour être quelquefois offusquée par l'ignorance ou la passion, ne cessera pas de se faire reconnaître : il faut rechercher le premier et fuir le second. Celui qui n'obéit pas à cette règle se dégrade et se com-

---

(1) *Istituzioni di diritto criminale*, 2ᵉ éd., p. 116 du t. I.

promet, parce qu'il se place volontairement en dehors de la voie qu'il devait suivre.

Cette voix se fait perpétuellement entendre pour nous rappeler à la réalité des choses. On l'a vue lutter avec avantage contre le scepticisme d'une école qu'un spiritualisme outré poussait à méconnaître le monde extérieur (1). Elle lutte, de nos jours, contre le matérialisme et le fatalisme ; espérons qu'elle ne sera pas étouffée. Il est bien certain qu'on ne saurait faire abstraction de ce témoignage direct de notre nature supérieure : ce n'est pas sans motifs et ce ne doit pas être en vain qu'il se fait entendre avec une telle persistance. Voyons maintenant quelle influence il doit exercer sur le droit pénal.

Nous ferons observer, en premier lieu, que ce n'est pas seulement un élément individuel : il se présente aussi sous une forme collective et sociale. Chaque nation vit d'une vie morale qui lui est plus ou moins propre et qui se manifesta longtemps dans le droit coutumier dont on ne peut expliquer la naissance que par une autorité spontanément reconnue. Les temps ont changé : ce mode de procéder paraît insuffisant; il est remplacé par un large développement du pouvoir législatif ; mais chaque peuple n'en conserve pas moins un fond de vie morale qui lui est propre et qui constitue un des traits principaux de son caractère national.

Occupons-nous maintenant de chacun de ces deux aspects de la conscience en vue du droit pénal.

Tout acte de la vie morale est suivi, dans la conscience individuelle, d'un sentiment d'approbation ou de blâme qui, pris en lui-même, constitue déjà une sorte de sanction par l'impression de contentement ou de malaise qui en dérive. Cette première manifestation peut sembler ne pas être directement en rapport avec le droit ; mais elle ne s'arrête pas là : une impression de mérite ou de démérite vient s'y joindre, ainsi que nous l'avons dit précédemment. Le bonheur promis aux bons ne provoque généralement aucune prétention directe relativement au droit : il serait impossible de charger l'Etat d'y satisfaire directement dans une large mesure. Mais l'Etat exerçant en

(1) Nous faisons particulièrement allusion à l'école de Kant et à ses dérivés. Voir ce que nous avons dit à cet égard dans notre *Etude sur la vie et les œuvres de K.-S. Zachariæ.*

fait le pouvoir d'infliger des peines, on se demande si les avertissements de la conscience ne devraient pas être suivis dans l'exercice de ces fonctions, et jusqu'à quel point il peut convenir de s'engager dans cette voie.

Le méchant mérite d'être malheureux ! Ces austères accents retentissent d'âge en âge avec trop de persistance pour qu'il soit permis d'en faire complétement abstraction. Il semble d'ailleurs bien difficile qu'un être intelligent et sensible ne souffre pas hors de la voie qu'il doit suivre. Il faut bien se garder, toutefois, de matérialiser ce sentiment en demandant qu'il lui soit donné directement satisfaction par l'Etat. Nous n'avons pas à répéter ici les arguments que nous avons présentés au sujet des doctrines absolues, considérées soit en elles-mêmes, soit dans les diverses combinaisons qu'on s'est efforcé de faire entre le principe d'expiation et les exigences d'une protection sociale. Plus nous avons étudié ces combinaisons, plus nous nous sommes convaincu de l'impossibilité d'y réussir et des dangers auxquels on s'expose en en faisant la tentative. Il n'en résulte pas, toutefois, que le droit pénal puisse faire complétement abstraction des jugements de la conscience. Il est vrai qu'il n'existe aucune mesure commune entre le sentiment abstrait de démérite qui s'attache à la culpabilité morale et les peines généralement physiques infligées par l'Etat ; mais on se tromperait en en concluant qu'il ne peut jamais s'élever des conflits entre ces deux éléments. Nous l'avons déjà vu : les exigences sociales semblent quelquefois réclamer des sévérités qui ne sont pas d'accord avec la vraie culpabilité morale ; il en naît bien certainement un sentiment de souffrance pour la conscience. Quelle doit être l'influence d'un tel fait sur la pratique du droit ?

Disons-le d'abord : ce sentiment est en soi naturel et légitime. Souffrir de voir s'exercer une sévérité trop grande est autre chose que de réclamer des peines plus rigoureuses. Il est plus grave d'infliger un mal non mérité que de s'abstenir ou de se restreindre dans des limites jugées trop étroites. L'autorité supérieure dont on voudrait voir exercer la justice est toujours là pour combler de telles lacunes. Ajoutons que la conscience morale étant un des principaux éléments du progrès individuel et social, on ne peut admettre que l'Etat n'ait pas à s'en préoccuper, ne fût-ce que pour respecter et laisser s'opérer une telle œuvre.

Ce que nous avons dit sur les rapports qui doivent exister entre les deux lois indique suffisamment que la vie humaine ne peut pas se diviser en deux parties : l'une purement juridique et l'autre purement morale ; il existe entre ces deux éléments une action et une réaction nécessaires et réciproques ; la nature des choses le démontre et l'histoire le confirme : s'il est tenu de vivre dans un monde par trop contraire à ses croyances et à ses aspirations, l'homme moral tend à s'insurger où à se dégrader ; le plus souvent, il fait l'un et l'autre à la fois. La trop grande sévérité des peines conduit tout particulièrement à ce résultat. Il en naît un sentiment d'insécurité et de malaise ; l'accusé paraît être une victime qu'il faut plaindre et s'efforcer de soustraire au sort injuste dont elle est menacée. C'est ainsi que l'impunité tend à se produire au milieu de l'anarchie et d'une démoralisation générale. Feuerbach, l'un des plus rigoureux partisans de la contrainte psychologique, reconnaissait lui-même qu'il faut s'incliner devant une telle puissance (1). Ajoutons que les sentiments de la conscience ne peuvent que s'émousser dans un milieu social qui n'en tient pas suffisamment compte. En les voyant trop souvent méconnaître, on se demande si ce ne seraient pas là de vaines illusions.

Il y a donc des concessions à faire à la conscience morale. C'est en comparant avec les doctrines mixtes les idées dont nous venons d'exposer les traits principaux que nous verrons quelle est la nature de ces concessions et jusqu'où elles doivent aller. Ces idées n'ont d'ailleurs rien de nouveau : elles ne sont pas autre chose que le mode de vivre de plus en plus consacré par les faits. Le système de circonstances atténuantes à prononcer par le jury n'est, au fond, que la réalisation pratique de telles conceptions.

§ 4. — Les différences caractéristiques qui séparent celles-ci des anciennes théories mixtes nous semblent évidentes ; mais il n'en est pas moins nécessaire de les résumer et de les faire ressortir avec toute l'exactitude et la précision possibles.

---

(1) *Lehrbuch des gemeinen peinlichen Rechts*, § 18, notes.

Ces doctrines mixtes reposent, au fond, sur la combinaison de quatre idées qu'elles présentent comme principes, dont la stricte observation est nécessaire en vue des garanties et des limites qui doivent en résulter pour le droit pénal :

1° Il y a une justice absolue rétribuant le mal par le mal en vue d'une expiation qui a sa cause en elle-même ;

2° L'ordre social exige, pour sa conservation, que certaines peines soient infligées à ceux qui le troublent ;

3° Cette pénalité s'exerce en vertu et en exécution d'une délégation partielle de la justice absolue ;

4° Cette délégation n'est admissible que dans les limites de ce qui est nécessaire et possible pour le maintien de l'ordre social.

L'idée d'une expiation absolue, comme base unique de la justice suprême, est, ainsi que nous l'avons déjà dit, plus ou moins difficile à concevoir. La délégation partielle de cette justice ne semble ni justifiée ni exécutable. De telles doctrines paraissent, dans tous les cas, trop au-dessus de nos facultés et trop discutables pour qu'il soit possible de les prendre comme bases d'un pouvoir aussi redoutable.

Nous ajouterons que les garanties et les limites qu'on recherche dans cette combinaison pourraient bien être illusoires et qu'elles ne seraient pas d'ailleurs sans danger.

On s'exposerait à bien des mécomptes, en cherchant dans la justice absolue des garanties et des limites contre les rigueurs de la justice sociale ; parce que celle-ci, pour justifier les sévérités qu'elle estime nécessaires, n'a qu'à hausser d'un ou plusieurs degrés toute l'échelle de la pénalité morale. C'est là chose facile en l'absence de toute commune mesure entre les deux genres de peines et en présence des grandeurs infinies du souverain législateur dont les commandements ont été violés. N'a-t-on pas prétendu quelquefois qu'en présence de l'infini toute mesure et toute gradation disparaît ?

Deux sources de dangers surgissent dans ce système : 1° Il n'est pas impossible qu'on y trouve une augmentation plutôt qu'une restriction de la pénalité ; 2° il se peut aussi qu'on y trouve des limites qui ne permettent pas de satisfaire aux exigences sociales.

a) Nous l'avons déjà dit : c'est une tâche ardue que de concilier les règles absolues de l'expiation morale, telle qu'on la conçoit généralement dans ces doctrines, avec les besoins purement relatifs de l'ordre social. Il ne sera pas toujours facile de se soustraire à ce qu'il y a de naturellement impératif dans le premier ordre d'idées ; on pourra se laisser entraîner à hausser telle ou telle peine sans vraie nécessité sociale, uniquement pour maintenir une certaine harmonie dans la gradation réclamée par la loi morale. Le désir d'éviter un scandale paraissant résulter de tels disparates pourra conduire à pareils résultats.

Si l'on n'admet qu'un seul principe justificatif de la peine, on ne fera l'application de celle-ci qu'après avoir rigoureusement vérifié si elle est réclamée par ce principe.

Si l'on en admet deux, il pourra se faire qu'on soit plus coulant sur l'application de l'un, par suite de l'évidence qui se fera reconnaître quant à celle de l'autre. Une culpabilité morale bien certaine pourra faire passer plus ou moins légèrement sur la vérification des nécessités sociales. On se rassurera par la pensée qu'après tout l'accusé, en subissant la peine, n'éprouvera que ce qu'il a bien mérité.

Sans doute, le système n'aura pas été strictement observé dans ces deux cas ; mais il n'est pas superflu de tenir compte des défaillances possibles de notre pauvre humanité.

b) Il faut reconnaître que, fort souvent, les peines qui semblent nécessaires en vue de la sécurité sociale paraissent dépasser la culpabilité morale, en ce sens, tout au moins, que telle circonstance peut réclamer une élévation de l'action répressive, sans que le fait présente en lui-même une aggravation morale y correspondant. La justice militaire en temps de guerre et certaines mesures de salubrité et d'ordre publics semblent avoir de telles exigences. Il est intéressant de remarquer l'attitude de M. Rossi parlant des mesures destinées à prévenir l'invasion de maladies épidémiques ou contagieuses. Après avoir constaté la sévérité fort rigoureuse à laquelle on est tenu de recourir en telles circonstances, il s'efforce de la justifier en disant qu'on est moralement très-coupable quand, par son imprudence, on expose un pays aux atteintes d'un tel fléau (1). C'est là ce qu'on

---

(1) *Droit constitutionnel*, t. II, p. 267 et 282.

fait généralement : on proportionne la culpabilité morale au danger social. Deux observations se présentent ici :

1° Si une telle proportion devait toujours exister, on ne voit pas quel surcroît de garanties et quelles limites on acquerrait en combinant les deux principes.

2° Nous avons déjà vu, en parlant des obstacles qui s'opposent au plein déploiement de la liberté, qu'une telle harmonie n'existe pas toujours. Il semble d'ailleurs qu'il faille aller plus loin et constater à cet égard une source presque permanente de désaccord. Le droit a besoin de s'appuyer sur des principes abstraits conduisant à des règles générales ; la morale dépend souvent de convictions individuelles qui font quelquefois apparaître les règles sociales comme des formules plus ou moins gênantes dont la convenance n'est pas suffisamment justifiée soit en elle-même et d'une manière générale, soit en vue de telles ou telles circonstances particulières. Ces règles peuvent même apparaître comme manifestement injustes et nuisibles. Elles n'en doivent pas moins être respectées en droit strict et rigoureux. C'est bien là ce que réclament les exigences de l'ordre. Mais si l'on se place au point de vue purement moral, il serait difficile de faire complétement abstraction des scrupules et même des bizarreries ou des erreurs de la conscience individuelle. L'opinion publique ne s'y trompe pas : sans critiquer telle peine comme trop sévère, elle est bien loin de la prendre toujours pour mesure du blâme dont elle frappe l'agent. Il se passe bien certainement quelque chose de semblable au sujet des mesures sanitaires. On est coupable, sans doute, d'exposer un pays aux atteintes du mal redouté ; mais il est facile de se faire des illusions à cet égard. Il se peut d'ailleurs que d'impérieux devoirs viennent combattre et diminuer l'autorité de la loi.

Voyons ce qu'il faut penser à cet égard des idées que nous avons défendues comme bases du droit pénal. Ici nous n'avons qu'un seul principe cherchant à protéger tous les droits et tous les intérêts commis à la sollicitude de l'Etat. Ce sont les nécessités sociales qui doivent prédominer dans un tel système ; mais elles ne se rapportent pas uniquement à l'ordre matériel : elles doivent tenir compte de l'ordre supérieur auquel celui-ci doit servir de point de départ et de moyen.

L'élément moral s'y présente sous un tout autre aspect que dans les théories mixtes. Ce n'est pas d'une doctrine née d'élucubrations scientifiques et s'imposant impérativement qu'il s'agit : nous prenons la conscience comme un fait qu'il faut respecter et dont il faut tenir compte, en considération de sa grande importance morale et de l'influence qu'il exerce sur l'autorité et sur la vraie efficacité de la loi pénale. Elle se présente, comme nous l'avons déjà vu, sous deux aspects. Voyons quel rôle il faut leur assigner dans le développement de l'activité répressive.

Cette activité se compose de deux éléments : 1° un certain nombre de règles plus ou moins abstraites et générales, édictées par le pouvoir législatif; 2° l'application de ces règles aux cas particuliers prévus par elles.

1° C'est, bien certainement, à ce que nous avons appelé morale publique ou conscience nationale qu'il faut s'arrêter quant au premier de ces deux éléments. C'est là, dans cet ensemble de traditions, de convictions et de sentiments nés de l'histoire de chaque peuple, que se trouvent bien manifestement les bases de sa vie collective et sociale; c'est là qu'il faut chercher à la fois l'œuvre de son passé et le point d'appui sur lequel son avenir doit se développer. C'est un pouvoir qu'on ne peut considérer qu'avec respect en vue de son origine et de son importance. Il ne faut flatter personne, les masses populaires, moins encore peut-être que les individus. Mais tout peuple dont il ne faut pas désespérer porte dans sa vie intime un certain nombre d'idées morales reconnues plus ou moins saines. C'est là ce qui constitue le beau côté du caractère national et de la morale publique. C'est ce fond commun que le législateur doit prendre pour base de son œuvre, s'il veut que le peuple se développe librement et vive de sa propre vie. C'est à ce fait d'une conscience nationale qu'il faut s'arrêter, dans ce qu'il a de vraiment acceptable. C'est sur lui qu'il convient de s'appuyer pour combattre les impulsions dangereuses qui font l'objet de l'action pénale. C'est lui dont il faut ménager les susceptibilités. Il y a là un foyer de vie morale, une base de progrès futur qu'il faut maintenir avec soin. Disons-le toutefois : cette partie saine de la conscience nationale éprouve bien un sentiment de souffrance quand elle assiste à des condamnations qui lui paraissent empreintes d'une trop grande sévérité; mais elle ne pousse généralement pas ses exigences aussi loin que les doctrines mixtes devraient le faire pour rester véritablement fidèles à leurs principes.

Il y a des nécessités sociales que chacun doit accepter parce qu'elles s'imposent impérativement. Celui qui s'est mis volontairement en lutte avec la loi reconnaît avoir justement encouru les peines prononcées par elle, eût-il agi dans les intentions les plus honorables. On l'a fait observer depuis longtemps : l'un des hommes que l'histoire a le plus entouré de ses respects, Washington, était régulièrement un rebelle. Qui oserait l'accuser de culpabilité morale, et, s'il eût succombé dans son entreprise, qui se serait scandalisé d'une condamnation prononcée contre lui? Quelles auraient été, dans une telle hypothèse, les sentiments d'un partisan des doctrines mixtes?

2° L'influence de la conscience nationale se retrouve encore, mais d'une manière plus détournée, dans l'exercice de l'action judiciaire. C'est bien d'un fait individuel qu'il s'y agit; c'est bien ce qui s'est passé dans la conscience de l'agent qu'il faut apprécier moralement. Si l'on veut être juste et équitable, il n'est pas possible de faire abstraction des circonstances de fait, des impulsions et des convictions spéciales sous l'influence desquelles l'acte s'est produit. Mais le milieu moral prédominant dans le pays devra nécessairement exercer une large influence sur une telle appréciation. Cela est juste d'ailleurs, parce que ce sont généralement ces principes de morale publique qui ont agi, dû ou pu agir sur la perpétration du fait; ce sont eux que le juge doit prendre en considération, plutôt que ses convictions individuelles qui peuvent s'écarter beaucoup du courant général.

Ajoutons qu'il doit y avoir accord entre l'action législative et l'action judiciaire, d'où résulte que cette dernière doit, comme la première, faire des concessions à la conscience nationale. Que si l'on nous demande jusqu'où l'on doit aller dans cette voie, nous dirons qu'il serait difficile de formuler à cet égard des règles absolues; ce sont là des questions au sujet desquelles le législateur et le juge doivent avoir un certain pouvoir d'appréciation. Tout ce que nous pouvons dire, c'est que s'il fallait choisir entre les effets d'un ordre matériel ne reposant que sur la crainte et l'autorité morale d'une peine acceptée par la conscience, nous n'hésiterions pas à nous arrêter à cette dernière. Nous sommes persuadé que tout en satisfaisant aux plus hautes aspirations de notre nature, un tel choix serait bien éloigné de compromettre l'ordre tel qu'il doit régner.

Encore une fois, l'ordre matériel doit être considéré comme condition d'un ordre supérieur qui ne doit pas lui être sacrifié. C'est là que se trouve la solution du problème que nous nous sommes posé. C'est en élevant l'ordre social à sa véritable hauteur, en ne perdant pas de vue le but final vers lequel il doit tendre, en y faisant bien rentrer tous les éléments qu'il doit contenir, qu'on donnera satisfaction, dans les limites du possible, aux sentiments moraux qui peuvent s'y trouver plus ou moins froissés. Il est vrai que ce courant d'idées ne conduit qu'à une sorte de transaction, et qu'en telle matière, plus qu'en toute autre, on éprouve le besoin de s'appuyer sur des principes fixes. C'est l'objection que nous proposait un de nos anciens magistrats les plus distingués, remplissant alors les fonctions de procureur général, et récemment décédé. Toutes nos sympathies seraient acquises à de tels sentiments, s'il était possible de leur donner une satisfaction convenable. C'est là qu'est la question, et nous croyons l'avoir étudiée avec une consciencieuse perplexité. Il ne suffit pas de se créer des principes, il faut qu'ils reposent sur une base solide et puissent se combiner sans conduire à des résultats incompatibles. Il faut prendre la vie telle qu'elle se présente, et plus nous observons, plus il nous semble démontré que les complications sociales sont difficiles à régir par des règles abstraites se développant avec une rigueur mathématique. On doit s'estimer heureux quand on peut reconnaître certains principes dirigeants. Nous croyons y avoir réussi dans la présente étude, tout en laissant aux faits l'importance qu'ils doivent avoir.

REVUE GÉNÉRALE
DU DROIT, DE LA LÉGISLATION
ET DE LA JURISPRUDENCE
EN FRANCE ET A L'ÉTRANGER

DIRIGÉE PAR MM.

BARTHELON
Conseiller à la Cour de Limoges;

Alph. BOISTEL
Agrégé,
Chargé de cours à la Faculté de droit de Paris;

Max. DELOCHE
de l'Institut;

Th. DUCROCQ
Doyen de la Faculté de droit de Poitiers;

H. BROCHER
Professeur de droit à l'Université de Genève.

HUMBERT
Sénateur,
Ancien professeur à la Faculté de droit de Toulouse,
Procureur général près la Cour des comptes;

Edm. LABATUT
Juge d'instruction au tribunal de Castres;

Joseph LEFORT
Avocat à la Cour d'appel,
Lauréat de l'Institut;

SUMNER-MAINE
Professeur de droit à l'Université d'Oxford,
Membre du Conseil supérieur de l'Inde.

Fréd. MATHÉUS
Auditeur de 1re classe au Conseil d'État;

MICHAUX-BELLAIRE
Avocat au Conseil d'État
et à la Cour de cassation;

Aug. RIBÉREAU
Professeur à la Faculté de droit, à l'École de commerce et d'industrie de Bordeaux.

AVEC LE CONCOURS D'UN GRAND NOMBRE DE PROFESSEURS, DE MEMBRES DE LA MAGISTRATURE
ET DU BARREAU FRANÇAIS ET ÉTRANGER

La **Revue générale du droit** paraît tous les deux mois par livraisons de chacune six feuilles *au moins* grand in-8° cavalier, format de nos grandes revues littéraires, et forme, à la fin de l'année, un fort volume de 700 pages environ, imprimé sur beau papier en caractères neufs.

Le prix de l'abonnement est de **16 fr.** pour la France et les pays faisant partie de l'Union générale des postes. — Pour les autres pays, les frais de poste en sus.

BOISTEL (Alphonse), professeur agrégé à la Faculté de Paris. — *Précis d'un cours de droit commercial* professé à la Faculté de droit de Paris. 2ᵉ *édition*, revue, corrigée et considérablement augmentée. 1878. 1 fort vol. in-8. . . . . 14 »

DUCROCQ (Th.), doyen et professeur de droit administratif à la Faculté de droit de Poitiers, etc., etc. — *Cours de droit administratif* contenant le commentaire et l'exposé de la législation administrative dans son dernier état, avec l'analyse ou la reproduction des principaux textes, dans un ordre méthodique. Cinquième édition, très-augmentée, mise au courant de la doctrine, de la jurisprudence, de la statistique, des programmes des cours dans les Facultés de droit et des concours à l'auditorat au conseil d'État et à la Cour des comptes, pour ceux du ministère de l'intérieur, du ministère des finances, de l'administration de l'enregistrement, des domaines et du timbre, aux grades de commissaires et d'aides-commissaires de la marine, d'élèves consuls, etc. 1877. 2 très-forts vol. in-8 compactes, contenant la matière d'au moins quatre volumes ordinaires. . . . . 18 »

KELLER (F.-L. de), professeur à l'Université de Berlin. — *De la procédure civile et des actions chez les Romains*; traduit de l'allemand et précédé d'une introduction par M. Charles Capmas, professeur à la Faculté de droit de Dijon. 1870. 1 beau vol. in-8. . . . 9 »

LEFORT (Joseph), lauréat de l'Institut, avocat à la Cour d'appel de Paris. — *Cours élémentaire de droit criminel*. 1877. 1 fort vol. in-8. . . . . 8 »

SAVIGNY (de), professeur à l'Université de Berlin, membre de l'Institut de France. — *Le droit des obligations*. Traduit de l'allemand et accompagné de notes, par MM. C. Gérardin, professeur de droit romain à la Faculté de droit de Paris; et Paul Jozon, député, avocat à la Cour de cassation. Deuxième édition, revue, corrigée et augmentée. 1873. 2 forts vol. in-8°, sur beau papier vélin. . . . . 15 »

THÉZARD (Léopold), professeur à la Faculté de droit de Poitiers. — *Répétitions écrites sur le droit romain*. Deuxième édition, refondue et considérablement augmentée. 1873. 1 vol. in-12. . . . . 5 »

BARD ET ROBIQUET, avocats à la Cour d'appel de Paris. — *Droit constitutionnel comparé.* — La constitution française de 1875 étudiée dans ses rapports avec les constitutions étrangères. 1876. 1 vol. in-8°. 7 50

PERROT (Georges), membre de l'Institut. — *Essai sur le droit public d'Athènes* (Ouvrage couronné par l'Académie française). 1869. 1 vol. in-8°. . . . . 6 »

FÉTIGNY (J. de), membre de l'Institut. — *Études sur l'histoire, les lois et les institutions de l'époque mérovingienne*. 1851. 3 vol. in-8°. . . . . 18 »

* Ouvrage couronné par l'Institut (Académie des inscriptions et belles-lettres).

Printed by Libri Plureos GmbH in Hamburg, Germany